ideafixa

Os grandes hits de 11 edições, selecionados por
Janara Lopes & Alicia Ayala

ARTE & LETRA
EDITORA

Curitiba 2008

I19   Ideafixa / Janara Lopes e Alicia Ayala (organizadoras). – Curitiba : Arte & Letra, 2008.
192 p. : il. ; 25 x 20 cm

Texto introdutório em português, espanhol e inglês.
Coletânea de obras de diversos artistas publicadas na revista eletrônica IdeaFixa (www.ideafixa.com).
ISBN 978-85-60499-11-3

1. Artes visuais. I. Lopes, Janara. II. Ayala, Alicia.

CDU 2.ed. 74/77

Edição: Janara Lopes, Alicia Ayala e Arte & Letra
Projeto Gráfico: Janara Lopes, Heto e Arte & Letra
Assistente de Editoração: Juliana Deslandes
Texto introdutório: Priscilla Foggiato
Tradução para o inglês: Kevin Ny e Thiago Tizzot
Tradução para o espanhol: Sergio Venturini

QUANDO CONHECI ALICIA PESSOALMENTE, A PRIMEIRA COISA QUE ELA ME DISSE FOI "OI, CLONE". FOI UMA ÉPOCA EM QUE ESTIVEMOS TÃO PARECIDAS QUE O PAI DELA NOS COFUNDIA, E EMBORA EU LOGO TOMASSE CONHECIMENTO DE SEU TALENTO COM FOTÓGRAFA EM UM PROJETO EM QUE TRABALHAMOS JUNTAS, AINDA NÃO SABIA METADE DO QUE ELA ERA CAPAZ. ALGUNS MESES DEPOIS, NA CASA DELA, CONHECI JANARA, TALENTOSA DIRETORA DE ARTE DA AGÊNCIA EM QUE EU IRIA TRABALHAR. AS DUAS ESTAVAM MONTANDO UM PROJETO EDITORIAL E ME CRAVAVAM DE PERGUNTAS, MUITAS QUE EU NÃO SABIA RESPONDER. ERA MAIO DE 2006, E O EMBRIÃO DA IDEAFIXA SE FORMAVA. DIZ O DITADO QUE UMA IMAGEM  VALE MAIS QUE MIL PALAVRAS, E NINGUÉM LEVOU ISSO TÃO A SÉRIO QUANTO AS DUAS AO DECIDIREM CRIAR A REVISTA ONLINE. UMA IDÉIA NA CABEÇA, UMA REDE DE CONTATOS SE FORMANDO E MUITO, MUITO TALENTO: EM POUCO MAIS DE DOIS ANOS, A REVISTA SEM PALAVRAS CONQUISTOU A INTERNET. A IDEAFIXA GANHAVA O MUNDO. NÃO ERA UMA IDÉIA SIMPLES E SEM PRETESÕES. DEMANDAVA – E AINDA DEMANDA – ESFORÇO, DEDICAÇÃO, CURIOSIDADE, DISCUSSÃO, REFLEXÃO, ANÁLISE, TRABALHO DURO E VOLUNTÁRIO. MAS, ACIMA DE TUDO, PAIXÃO E INTENSIDADE PARA EDITAR E COMUNICAR O QUE PRECISA SER DITO: O TEMA ESCOLHIDO. SEM

FALAR E AO MESMO TEMPO FALANDO TODOS OS IDIOMAS. A CADA EDIÇÃO BIMESTRAL, A IDEA CRESCIA E APARECIA, REVELANDO NOVOS TALENTOS, SENDO PROCURADA E CITADA POR FORMADORES DE OPINIÃO, MOSTRANDO CO-NHECIDOS OU DESCOBRINDO ATÉ ENTÃO ANÔNIMOS, ENGORDANDO O PORTFÓLIO DE DEZENAS DE ARTISTAS. TORNANDO-SE REFERÊNCIA. APRENDENDO QUE TA-LENTO TAMBÉM SE DISSEMINA E CONTAGIA. NESSES DOIS ANOS, FICAMOS MAIS PRÓXIMAS. OPINEI SEM SER CHAMADA (NEM OUVIDA) NAS DECISÕES SOBRE QUEM ENTRARIA NA PRÓXIMA EDIÇÃO, REVISEI PROJETOS, BATI O PÉ PARA ACERTAR EDITORIAIS. RIMOS E DIVIDIMOS REFEIÇÕES, PARTICIPEI NO QUE CONSEGUI, DIVULGUEI O TRABALHO COMPETENTE. ABORDANDO TEMAS UNIVERSAIS EM VISÕES ÚNICAS, IDEAFIXA LEVOU DESEJO, MEDO E DELÍRIO, COMIDA, AUTO-RETRATO, CORES, SURREALISMO, MULHER, FICÇÃO CIENTÍFICA, ROCK'N'ROLL E SEXO A LOCAIS REMOTOS OU ANTES IMPENSÁVEIS COMO LITUÂNIA, CINGAPURA E TURQUIA. UM CARDÁPIO COMPLETO, PANORÂMICO E UNIVERSAL DA ARTE E DO DESIGN CONTEMPORÂNEO. É POR ESSA CARREIRA METEÓRICA QUE ME SENTI TÃO HONRADA AO SER CONVIDADA A ESCREVER ESSA INTRODUÇÃO. VI ESSE PROJETO NASCER E CRESCER. FAZER PARTE DISSO TUDO – DESSE CRESCIMENTO E RECONHECIMENTO – É MUITO GRATIFICANTE. E DIVIDIR ISSO COM VOCÊS TAMBÉM.

PRISCILLA FOGGIATO   *AMBIGRAMA : **BETO JANZ** | WWW.FLICKR.COM/BETOJANZ

THE FIRST TIME I MET ALICIA AYALA IN PERSON, SHE IMMEDIATELY SAID TO ME "HELLO, CLONE". WE WERE SO MUCH ALIKE BACK THEN THAT EVEN HER FATHER COULDN´T TELL WHO WAS WHO, AND ALTHOUGH I QUICKLY NOTICED HER TALENT FOR PHOTOGRAPHY (IN A MUTUAL PROJECT), I DIDN'T KNOW HALF OF WHAT SHE WAS CAPABLE OF. SOME MONTHS LATER, AT HER HOUSE, I MEET JANARA, A TALENTED ART DIRECTOR OF THE AGENCY WHERE I WAS ABOUT TO WORK. THEY WERE STARTING AN EDITORIAL PROJECT AND HAD A LOT OF QUESTIONS FOR ME, MOST OF WHICH I DIDN´T KNOW THE ANSWER TO. IT WAS MAY 2006 AND IDEAFIXA WAS TAKING ITS' FIRST STEPS. THERE'S AN OLD SAYING: "AN IMAGE IS WORTH MORE THAN A THOUSAND WORDS"- NOBODY TOOK THIS MORE SERIOUSLY THAN ALICIA AND JANARA WHEN THEY DECIDED TO CREATE AN ONLINE MAGAZINE. ONE ART DIRECTOR AND ONE PHOTOGRAPHER. AN INITIAL CONCEPT, A NETWORK OF CONTACTS, AND LOTS AND LOTS OF TALENT. JUST TWO YEARS LATER, THE MAGAZINE WITH NO WORDS HAS

(ENGLISH)

CONQUERED THE INTERNET. IDEAFIXA HAS WON OVER THE WORLD. IT WAS NOT A SIMPLE IDEA NOR WAS IT WITHOUT PRETENSION. IT DEMANDED – AND STILL DOES – EFFORT, DEDICATION, CURIOSITY, DISCUSSION, REFLECTION, ANALYSIS, HARD WORK AND VOLUNTEER CONTRIBUTIONS. BUT, ABOVE ALL, IT REQUIRES PASSION AND INTENSITY - TO EDIT IN SUCH A WAY AS TO CORRECTLY COMMUNICATE THE CHOSEN SUBJECT MATTER, AND WITHOUT SPEAKING LITERALLY, TO SPEAK ALL LANGUAGES. EVERY TWO MONTHS, THE IDEA WOULD GROW LARGER AND REVEAL NEW TALENT, FOUND AND CITED BY INTERESTING PEOPLE, CREATING OPINIONS, SHOWCASING KNOWN ARTISTS AND ALSO DISCOVERING UNKNOWNS, ENLARGING THE PORTFOLIOS OF DOZENS OF ARTISTS. IT BECAME A REFERENCE, PROVING THAT TALENT SPREADS AND IS CONTAGIOUS. IN THESE TWO YEARS, THE THREE OF US HAVE GROWN VERY CLOSE. I'VE GIVEN MY OPINIONS, NEITHER ASKED FOR (NOR HEARD), ABOUT DECISIONS FOR UPCOMING ISSUES AND REVISED PROJECTS. I'VE MADE A POINT OF WRITING EDITORIALS, MAKING SURE TO TRY AND GET IT RIGHT. WE'VE LAUGHED AND SHARED MEALS. I PARTICIPATED IN WHATEVER WAYS I COULD, TELLING EVERYONE UNRESERVEDLY ABOUT THIS COMPETENT WORK THAT I ALWAYS BELIEVED IN. APPROACHING UNIVERSAL THEMES WITH UNIQUE VISIONS, IDEAFIXA HAS BROUGHT THE THEMES OF: DESIRE, FEAR AND LOATHING, FOOD, SELF-PORTRAITS, COLOR, SURREALISM, WOMEN, SCIENCE FICTION, ROCK´N´ROLL AND SEX- TO REMOTE AND SEEMINGLY UNIMAGINABLE LOCATIONS SUCH AS LITHUANIA, SINGAPORE AND TURKEY. A FULL MENU, WIDESPREAD AND UNIVERSAL, OF CONTEMPORARY ART AND DESIGN. HAVING EXPERIENCED THIS METEORIC RISE, I WAS HONORED TO BE INVITED TO WRITE THIS INTRODUCTION. I'VE SEEN THE BIRTH OF THIS PROJECT AND WATCHED IT GROW. TO BE A PART OF ALL THIS- THE GROWTH AND THE RECOGNITION – IS VERY REWARDING. AS IS SHARING IT WITH ALL OF YOU. HOPE YOU ENJOY IT AS MUCH AS I DO.

PRISCILLA FOGIATO

(ESPAÑOL)

CUANDO CONOCÍ A ALICIA PERSONALMENTE, LA PRIMERA COSA QUE DIJO FUE: "HOLA, MI CLÓN". ERA UNA ÉPOCA EN LA QUE ESTÁBAMOS TÁN PARECIDAS QUE HASTA SU PAPÁ NOS CONFUNDÍA, Y AUNQUE PRONTO TOMASE CONOCIMIENTO DE SU TALENTO COMO FOTÓGRAFA EN UN PROYECTO CONJUNTO, TODAVÍA NO SABÍA NI LA MITAD DE LO QUE ELLA ERA CAPAZ. ALGUNOS MESES DESPUÉS, EN SU CASA, CONOCÍ A JANARA, TALENTOSA DIRECTORA DE ARTE DE LA AGENCIA EN LA QUE YO IRIA A TRABAJAR. LAS DOS ESTABAN MONTANDO UN PROYECTO EDITORIAL Y ME ACOSARON A PREGUNTAS, MUCHAS QUE NO SABÍA RESPONDER. ERA MAYO DE 2006, Y EL EMBRIÓN DE IDEAFIXA SE ESTABA FORMANDO. DICE EL DICHO QUE UNA IMÁGEN VALE MÁS QUE MIL PALABRAS, Y NADIE LLEVÓ ESO TAN EN SERIO COMO ELLAS CUANDO DECIDIERON CREAR SU REVISTA ONLINE. UNA DIRECTORA DE ARTE Y UNA FOTÓGRAFA. UNA IDEA EN LA CABEZA, UNA RED DE CONTACTOS EN FORMACIÓN Y MUCHO, MUCHO TALENTO: EN POCO MÁS DE DOS AÑOS, LA REVISTA SIN PALABRAS CONQUISTÓ INTERNET. IDEAFIXA SE GANABA AL MUNDO. NO ERA UNA IDEA SIMPLE Y SIN PRETENCIONES. DEMANDABA –Y TODAVIA LO HACE- ESFUERZO, DEDICACIÓN, CURIOSIDAD, DISCUSIÓN, REFLEXIÓN, ANÁLISIS, TRABAJO DURO Y VOLUNTARIO. PERO, POR SOBRE TODO PASIÓN E INTENSIDAD PARA EDITAR Y COMUNICAR LO QUE PRECISA SER DICHO: EL TEMA ELEGIDO. SIN HABLAR PERO AL MISMO TIEMPO HABLANDO TODOS LOS IDIOMAS. EN CADA EDICIÓN BIMESTRAL, LA REVISTA CRECÍA Y APARECÍA DESCUBRIENDO NUEVOS TALENTOS, MOSTRANDO CONOCIDOS Y HASTA ENTONCES ANÓNIMOS, BUSCADA Y CITADA POR FORMADORES DE OPINIÓN, ENGORDANDO SU PORTFOLIO DE DECENAS DE ARTISTAS. TORNÁNDOSE REFERENCIA. APRENDIENDO QUE EL TALENTO TAMBIÉN SE DISEMINA Y SE CONTAGIA. EN ESOS DOS AÑOS, LAS TRES NOS HICIMOS MAS PRÓXIMAS. OPINÉ SIN QUE ME LO PIDIERAN (Y SIN SER ESCUCHADA) EN LAS DECISIONES SOBRE LO QUE ENTRARÍA O NO EN LA PRÓXIMA EDICIÓN, REVISÉ PROYECTOS Y TRABAJÉ DURO PARA ESCRIBIR EDITORIALES. REÍMOS Y COMPARTIMOS MUCHAS CENAS; PARTICIPÉ EN TODO LO QUE PUDE, CORRÍ LA VOZ DE ESTE TRABAJO EN EL QUE SIEMPRE CREÍ. ABORDANDO TEMAS UNIVERSALES EN PUNTOS DE VISTA ÚNICOS, IDEAFIXA LLEVÓ AL DESEO, LOS MIEDOS Y DELIRIOS, LA COMIDA, EL AUTORRETRATO, LOS COLORES, EL SURREALIMO, LA MUJER, LA CIENCIA-FICCIÓN, EL ROCKN'ROLL Y AL SEXO A LUGARES REMOTOS E IMPENSABLES COMO LITUANIA, SINGAPUR Y TURQUÍA. UNA MENÚ COMPLETO Y UNIVERSAL DEL ARTE Y DEL DESIGN CONTEMPORÁNEO. ES POR TODA ESTA MARATÓNICA EXPLICACIÓN QUE ME SENTÍ TAN HONRADA CUANDO ME INVITARON A ESCRIBIR ESTA INTRODUCCIÓN. VI EL PROYECTO NACER Y CRECER. HACER PARTE DE TODO ESTO ES MUY GRATIFICANTE. Y COMPARTIRLOCON USTEDES TAMBIÉN.

PRISCILLA FOGIATO

MWM x Spacenuckle | www.mwmgraphics.com | www.spaceknuckle.com | USA

Desire | Desejo | Deseo

Alberto Seveso | www.burdu976.com | Photo: Ivonne Carlo | Italy

Alberto Seveso — Desire | Desejo | Deseo

Fernanda Guedes | www.fernandaguedes.com.br | Brazil

Mário Belém | www.mariobelem.com | Portugal

Thais Ueda | www.hana-bi.net | Brazil

Desire | Desejo | Deseo

Alejandro Milá | www.alejandromila.com | Spain

Fear and Loathing | Medo e Delírio | Miedo y Delirio

Rodolphe Simeon | www.m-peoplephotography.com | France

Fear and Loathing | Medo e Delírio | Miedo y Delirio

Kris Kuksi | www.kuksi.com | USA

Fear and Loathing | Medo e Delírio | Miedo y Delirio

Kris Kuksi | www.kuksi.com | USA

Fear and Loathing | Medo e Delírio | Miedo y Delirio

Nelson Balaban x Spacenuckle | www.xtrabold.net | www.spacenuckle.com | Brazil | EUA

Fear and Loathing | Medo e Delírio | Miedo y Delirio

Fear and Loathing | Medo e Delírio | Miedo y Delirio

James White | www.signalnoise.com | Canada

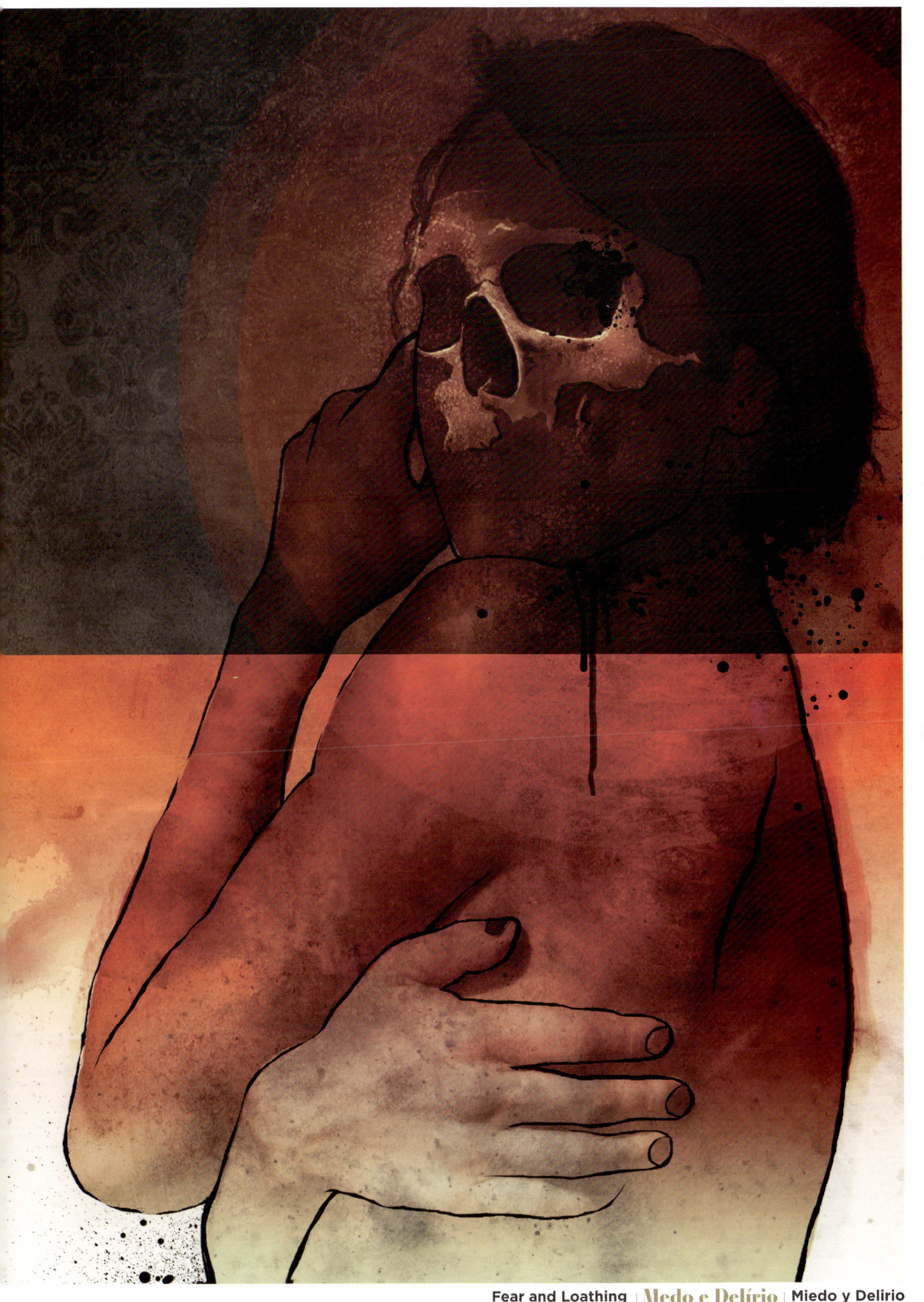

Fear and Loathing | Medo e Delírio | Miedo y Delirio

Estúdio Deveras | www.estudiodeveras.com | Brazil

Fear and Loathing | Medo e Delírio | Miedo y Delirio

Firmorama Studio | www.firmorama.com | Brazil

Fear and Loathing | Medo e Delírio | Miedo y Delirio

RWR² | www.rwr2.com.br | Brazil

Fear and Loathing | Medo e Delírio | Miedo y Delirio

Jon Beinart | www.toddlerpedes.com | **Australia**

Fear and Loathing | Medo e Delírio | Miedo y Delirio

Victor Salciotti | www.flickr.com/salciotti | **Brazil**

André Bergamin | www.flickr.com/andrebergamin | **Brazil**

Lese Pierre | http://lesepierre.multiply.com | Brazil — Fear and Loathing | Medo e Delírio | Miedo y Delirio

Daniel Mazer | www.dlab.com.br | **Brazil**

Fear and Loathing | Medo e Delírio | **Miedo y Delirio**

Rafael Silveira | www.rafaelsilveira.com | **Brazil**

MATHEUS LOPES | www.mathiole.com | Brazil   Fear and Loathing | Medo e Delírio | Miedo y Delirio

Augusto Carmo | www.flickr.com/carmolim | Brazil

Food | Comida | Comida

Rômolo | www.romolo.com.br | **Brazil**

Food | Comida | Comida

Ryan Schude | www.ryanschude.com | USA

Food | Comida | Comida

Rafael Nascimento | www.escaphandro.net | Brazil

I LIKE FOOD
FOOD TASTES GOOD

Cômoda
porque se pode conservar em geladeira por mais dias.

Prática
Embalagem

Segura
porque é flexível, resistente e inviolável.

Hermética
Embalagem porque impede o derrame de líquidos.

Esta embalagem própria para produtos alimentícios completamente hermética, prática, higiênica e segura, pode conservar-se em geladeira durante vários dias. Composta por multipelículas, proporciona um fechamento perfeito. Os alimentos não secam e mantém todo o seu paladar, aspecto e cor natural.

EMBALAGEM PRÓPRIA PARA PRODUTOS ALIMENTÍCIOS

FONE: (11) 3082-4850 FAX: (11) 3088-1128
RUA TEODORO SAMPAIO, 473
SÃO PAULO - SP

FAT FOOD CO.

Food | **Comida** | Comida

Siphios | http://siphios.blogspot.com | Brazil

Food | Comida | Comida

Yan Sorgi | www.sebograficos.com.br | **Brazil**

Food | Comida | Comida

Cristina Negrău | http://npunctc.this.ro | **Romania**

Food | Comida | Comida

Rogério Puhl | www.puhl.com.br | Brazil

Jovan de Melo | http://jovan.nitrocorpz.com | Brazil

Food | Comida | Comida

Guy Veloso | www.fotografiadocumental.com.br | Brazil

Food | Comida | Comida

René Corini | www.flickr.com/renezera | Brazil

Food | Comida | Comida

Charles Kaufman | www.toontoonz.com | Germany

Food | Comida | Comida

João Ruas | http://souvlaki.jp-ar.org | **Brazil**

Adhemas Batista | www.adhemas.com | Brazil

Self-Portait | Auto-Retrato | Auto-Retrato

Will Murai | www.willmurai.com | Brazil

Benício | www.benicioilustrador.com.br | Brazil

Self-Portait | Auto-Retrato | Auto-Retrato

Kako Brazil

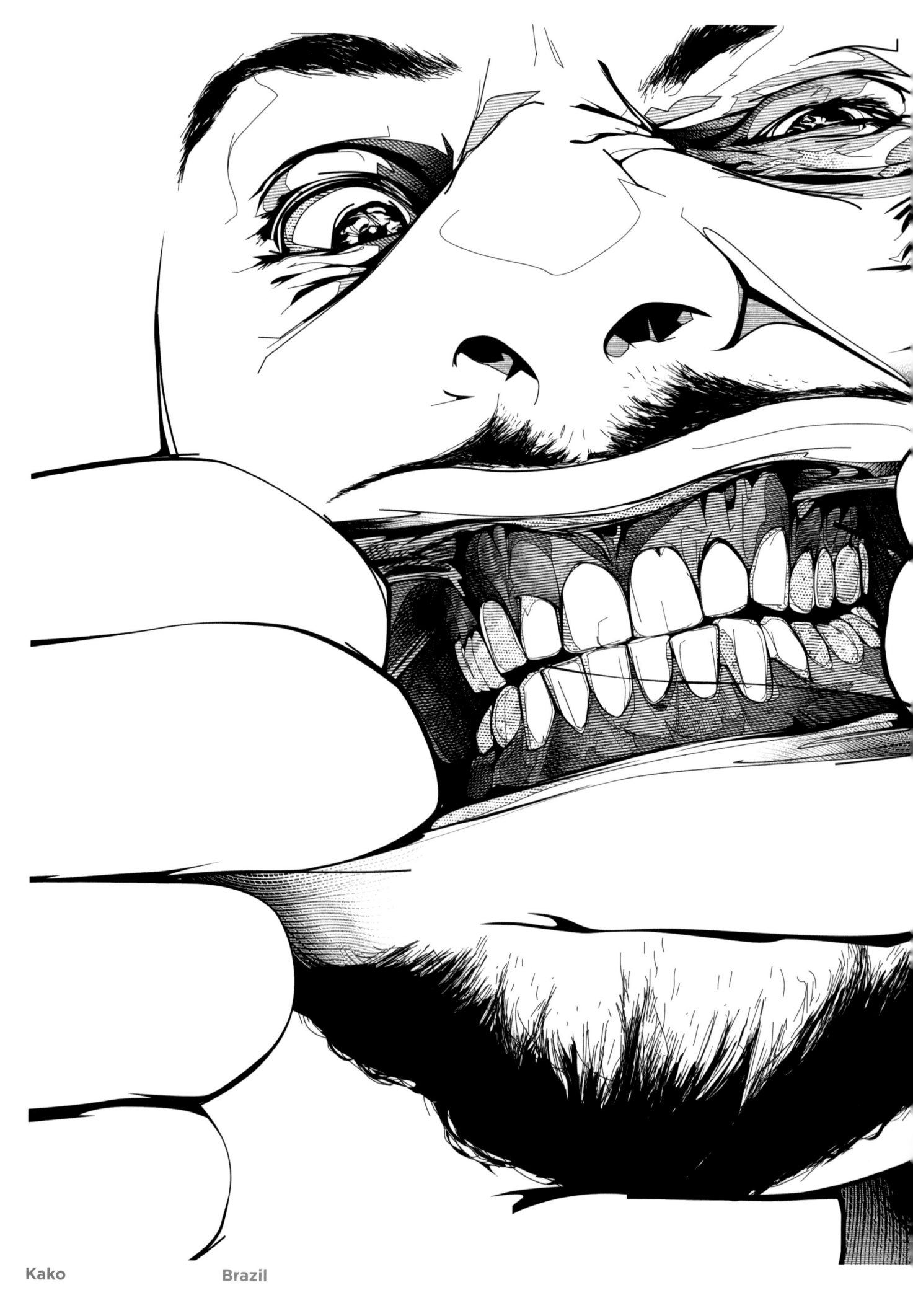

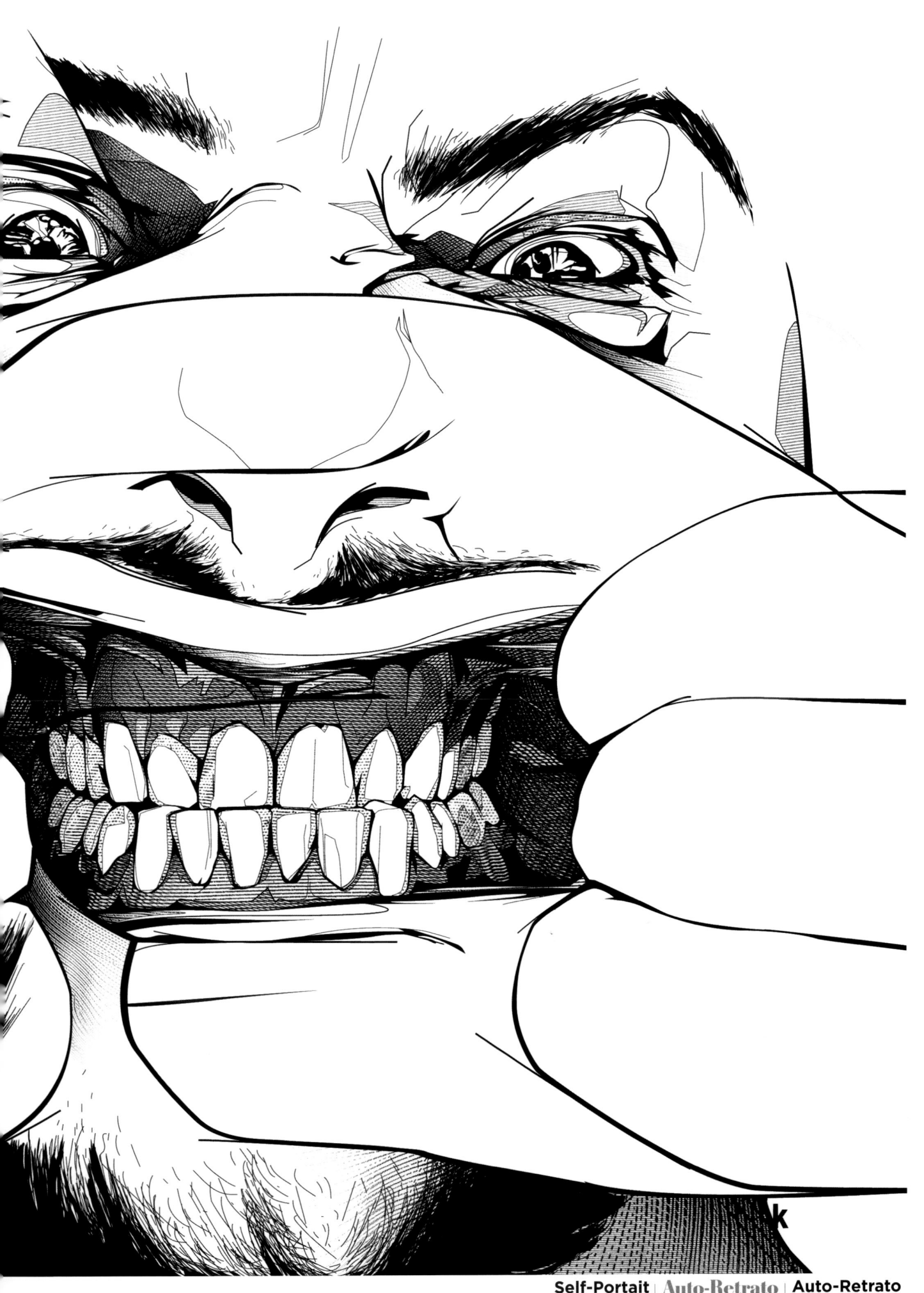

Self-Portait | Auto-Retrato | Auto-Retrato

Gringo | www.flickr.com/photos/oigringo/show | Brazil

Tod Kapke | www.tkopix.com | USA

Self-Portait | Auto-Retrato | Auto-Retrato

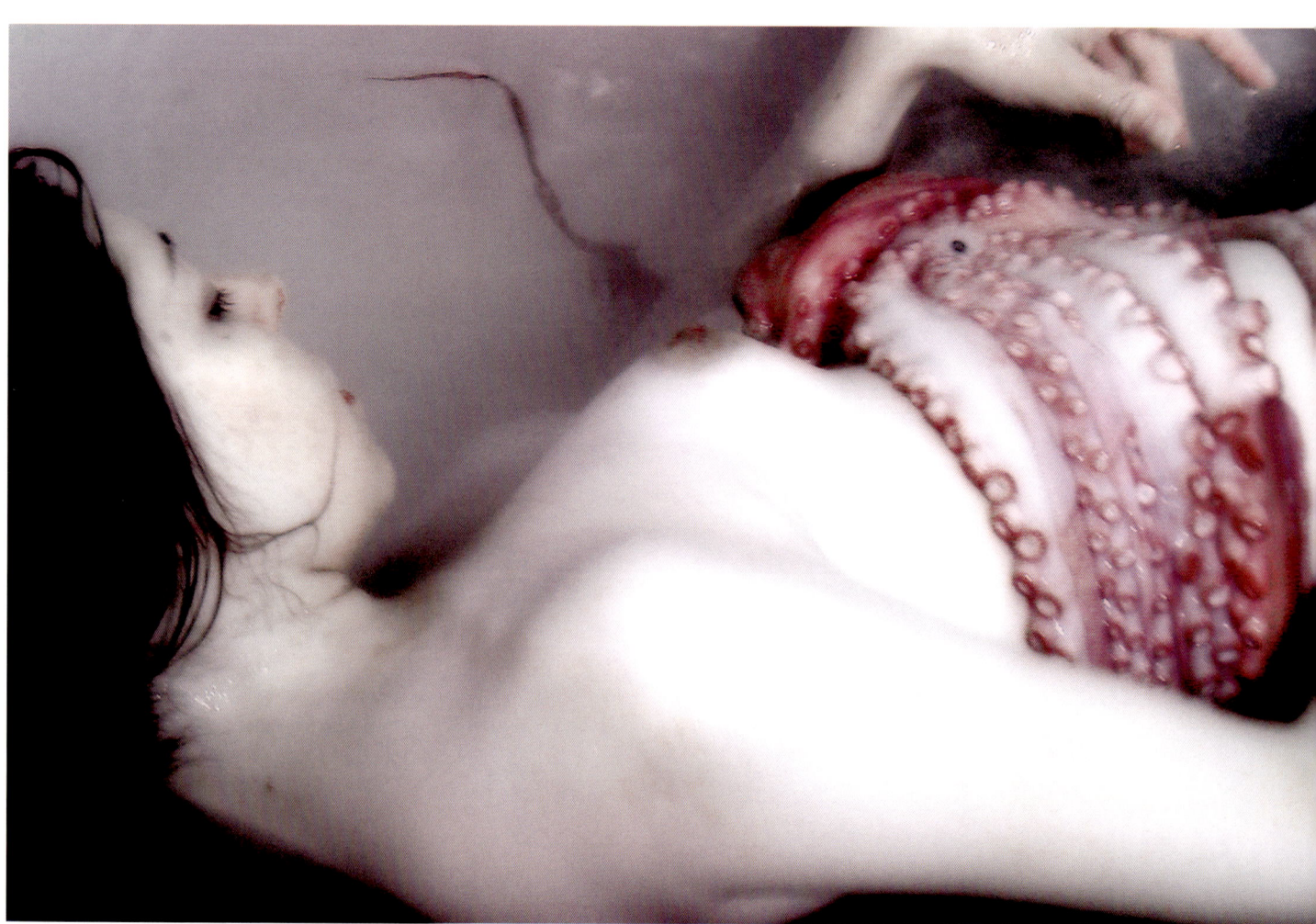

Bouger & Regner | www.cristianebourger.org | USA

Self-Portait | *Auto-Retrato* | Auto-Retrato

Yaniv Waissa | www.waissa.com | Israel

Self-Portait | **Auto-Retrato** | **Auto-Retrato**

Shingo Shimizu | www.shingo.ca | Canada

Felipe Sobreiro | www.sobreiro.com | Brazil

Self-Portait | Auto-Retrato | Auto-Retrato

Nazza Stencil | www.fotolog.com/nazza_stncl | **Argentina**

Self-Portait | Auto-Retrato | Auto-Retrato

Dennison Bertram | www.dennisonbertram.com | Czech Republic

Colors | Cores | Colores

Dennison Bertram | www.dennisonbertram.com | Czech Republic

Colors | Cores | Colores

Dennison Bertram | www.dennisonbertram.com | Czech Republic

Colors | Cores | Colores

Dennison Bertram | www.dennisonbertram.com | **Czech Republic**

Colors | Cores | Colores

Guilherme Marconi | www.marconi.nu | Brazil

Colors | Cores | Colores

Guilherme Marconi | www.marconi.nu | **Brazil**

Colors | Cores | Colores

Charles Schützler | charles.tasca@gmail.com | **Brazil**

Colors | Cores | Colores

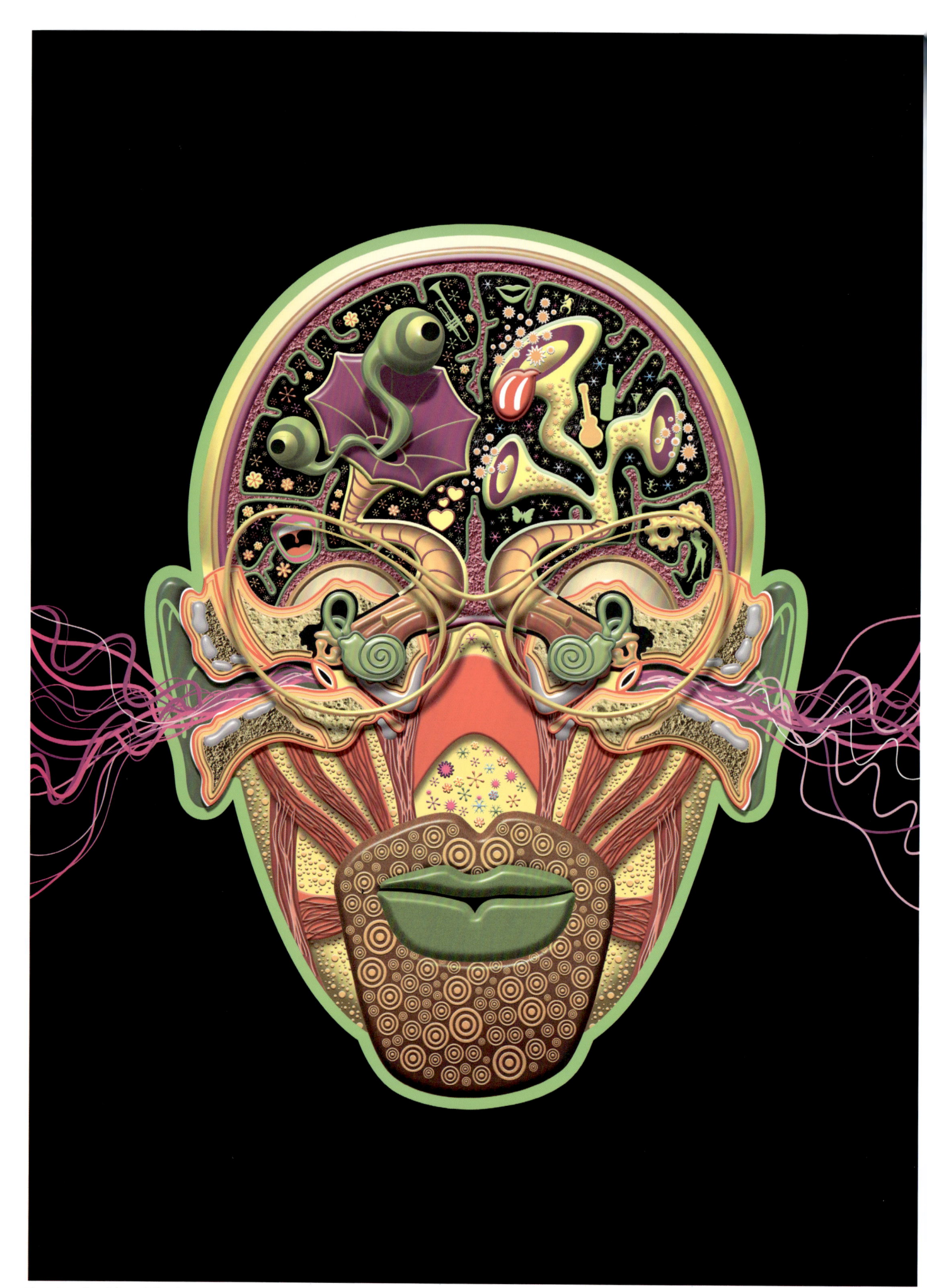

Paulo de Almeida | paulo.almeida@heads.com.br | Brazil

Luke Feldman | www.skaffs.com | Australia

Colors | Cores | Colores

Maarit Kemi | www.maaritkemi.net | Finland

Colors | Cores | Colores

Mário Júnior | www.flickr.com/mariogogh | Brazil

Colors | Cores | Colores

Tiago Puppi | www.tiagopuppi.com | **Brazil**

Colors | Cores | Colores

Jennybird Alcantara | www.jennybirdart.com | USA

Surrealism | Surrealismo | Surrealismo

Jennybird Alcantara | www.jennybirdart.com | USA

Surrealism | Surrealismo | Surrealismo

Marcos Lopez | www.marcoslopez.com | Argentina

Surrealism | Surrealismo | Surrealismo

Marcos Lopez | www.marcoslopez.com | **Argentina**

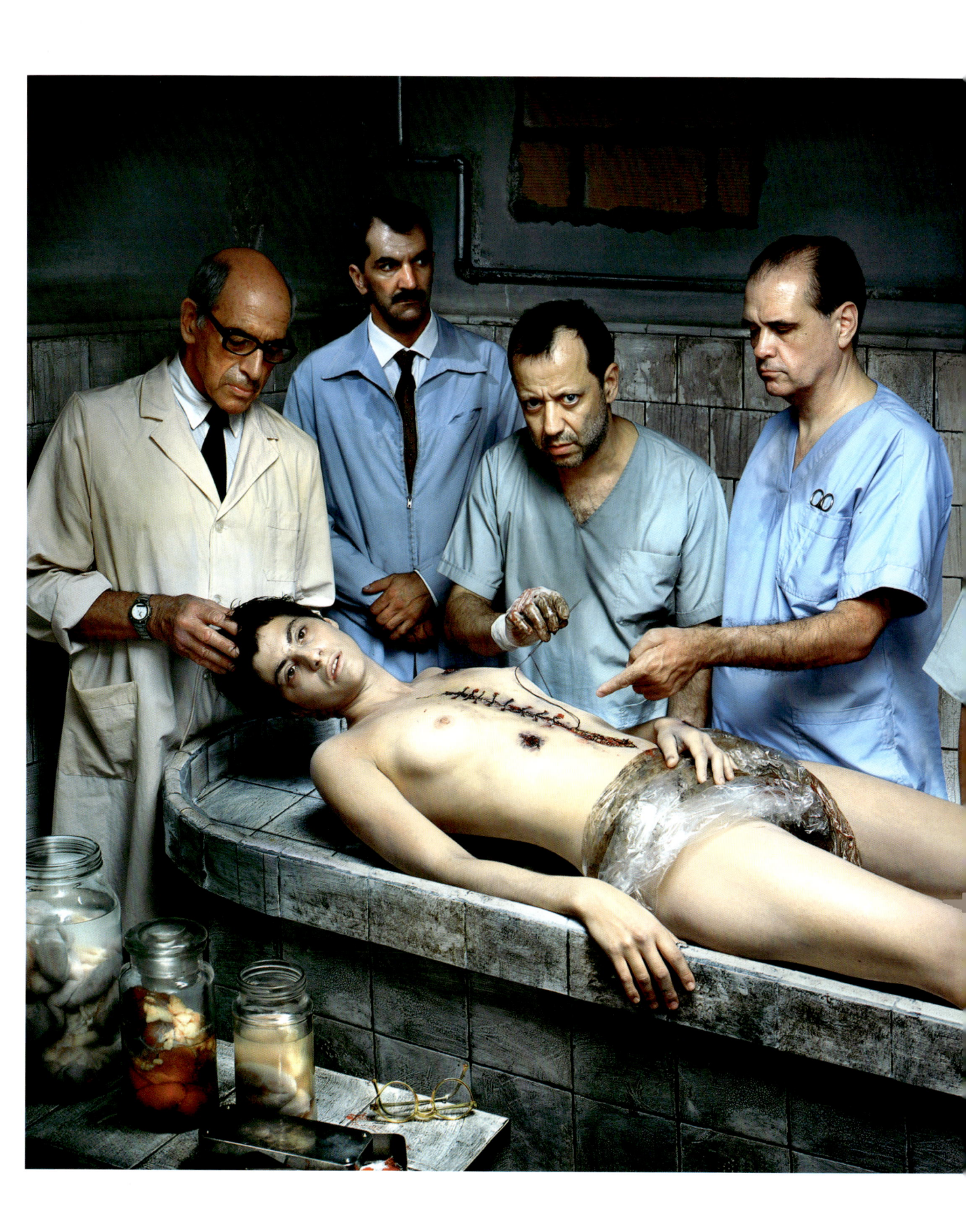

Surrealism | Surrealismo | Surrealismo

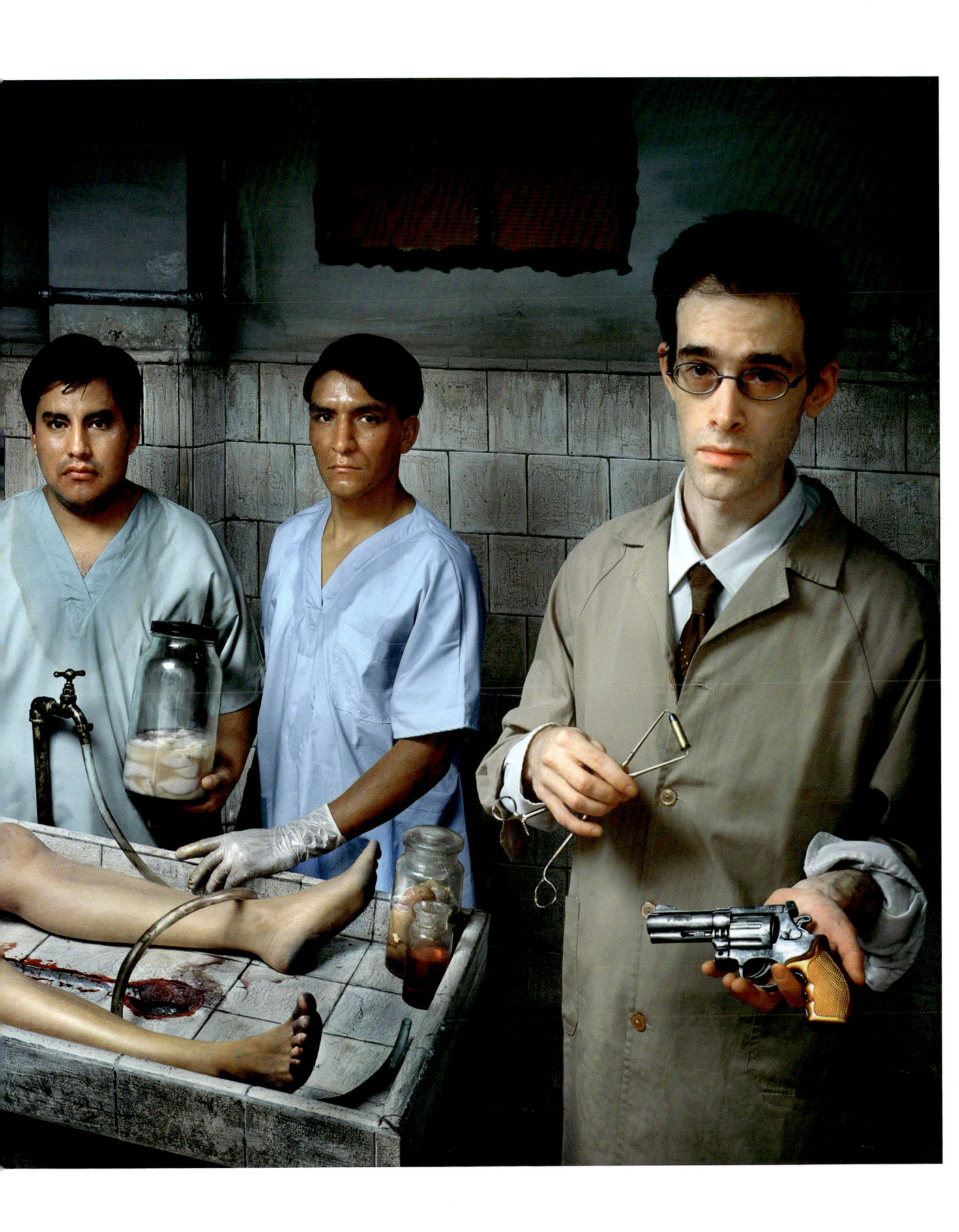

Dan Fervin | www.danfervin.com | **Brazil**

Hugo Araújo | www.atrioilustracoes.com | Brazil

Surrealism | Surrealismo | Surrealismo

Mariana Abasolo | www.blanktape.com.br | Brazil

07.

Surrealism | Surrealismo | Surrealismo

Fábio Girardi | http://podegirardi.blogspot.com | Brazil

Woman | **Mulher** | **Mujer**

Arthur d'Araujo | www.flickr.com/cancerdeboca | Brazil

João Ruas | http://souvlaki.jp-ar.org | Brazil

Woman | Mulher | Mujer

Jorge Bispo | www.jorgebispo.com | Brazil

Woman | Mulher | Mujer

Kareem Rizk | www.kareemrizk.com | **Australia**

Woman | **Mulher** | Mujer

Luciano Tasso | www.ltasso.com.br | **Brazil**

Woman | Mulher | Mujer

Bill Zeman | www.billzeman.com | USA

Sci-fi | Ficção Científica | Ciencia Ficción

Phil Toledano | http://mrtoledano.com | **USA**

Sci-fi | Ficção Científica | Ciencia Ficción

Matthew Laznicka | www.basement-productions.com | USA

Arnaldo Bastos | dico27@gmail.com | Brazil

Sci-fi | Ficção Científica | Ciencia Ficción

Justin Degarmo | www.justindegarmo.com | USA

Sci-fi | Ficção Científica | Ciencia Ficción

Cássio Vasconcellos | www.cassiovasconcellos.com.br | Brazil

Sci-fi | Ficção Científica | Ciencia Ficción

Guilherme Caldas | www.candyland.com.br | Brazil

Sci-fi | Ficção Científica | Ciencia Ficción

Loading 23%

Loading

Loading 59%

Hellvz | www.flickr.com/hellvz | Brazil

downLOLdinG
Loading video

Loading 37%

ing 50%

Loading 42%

Sci-fi | Ficção Científica | Ciencia Ficción

Will Murai | www.willmurai.com | Brazil

Rock ´n´ Roll

Will Murai | www.willmurai.com | Brazil

Rock ´n´Roll

Will Murai | www.willmurai.com | Brazil

Rock 'n' Roll

Bob Dob | www.bobdobs.blogspot.com | USA

Rock ´n´ Roll

Bob Dob | www.bobdobs.blogspot.com | **USA**

AMP HEAD

Rock ´n´ Roll

Pablo Lobo | www.pablolobo.com | Brazil

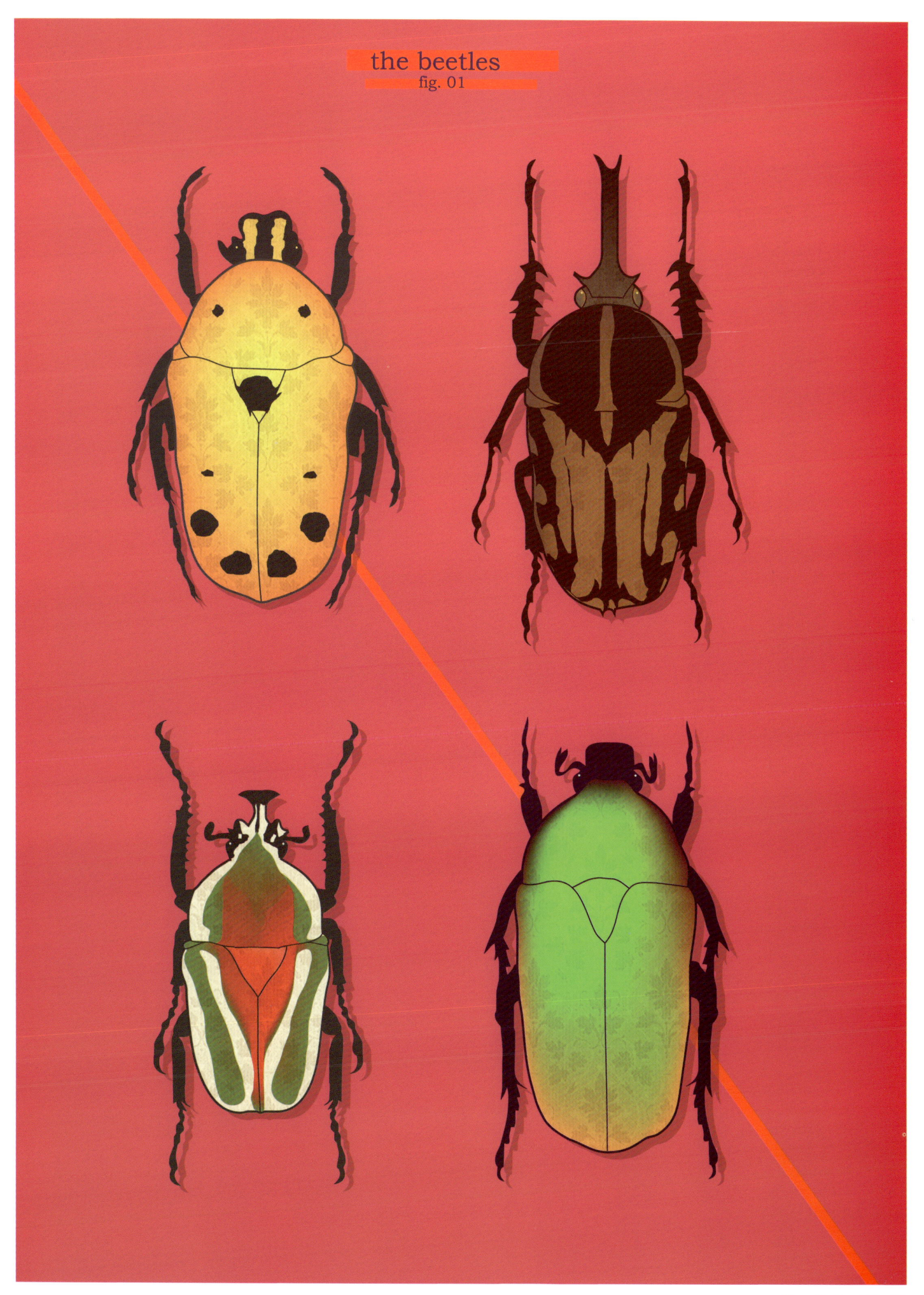

the beetles
fig. 01

Rock 'n' Roll

Lucas Leibholz | www.lucasl.com.br | Brazil

Rock´n´Roll

Lucas Leibholz | www.lucasl.com.br | Brazil

Rock´n´Roll

Juliano Domingues | www.julianodomingues.com.br | **Brazil**

Rock ´n´ Roll

Guy Burwell | www.guyburwell.com | USA

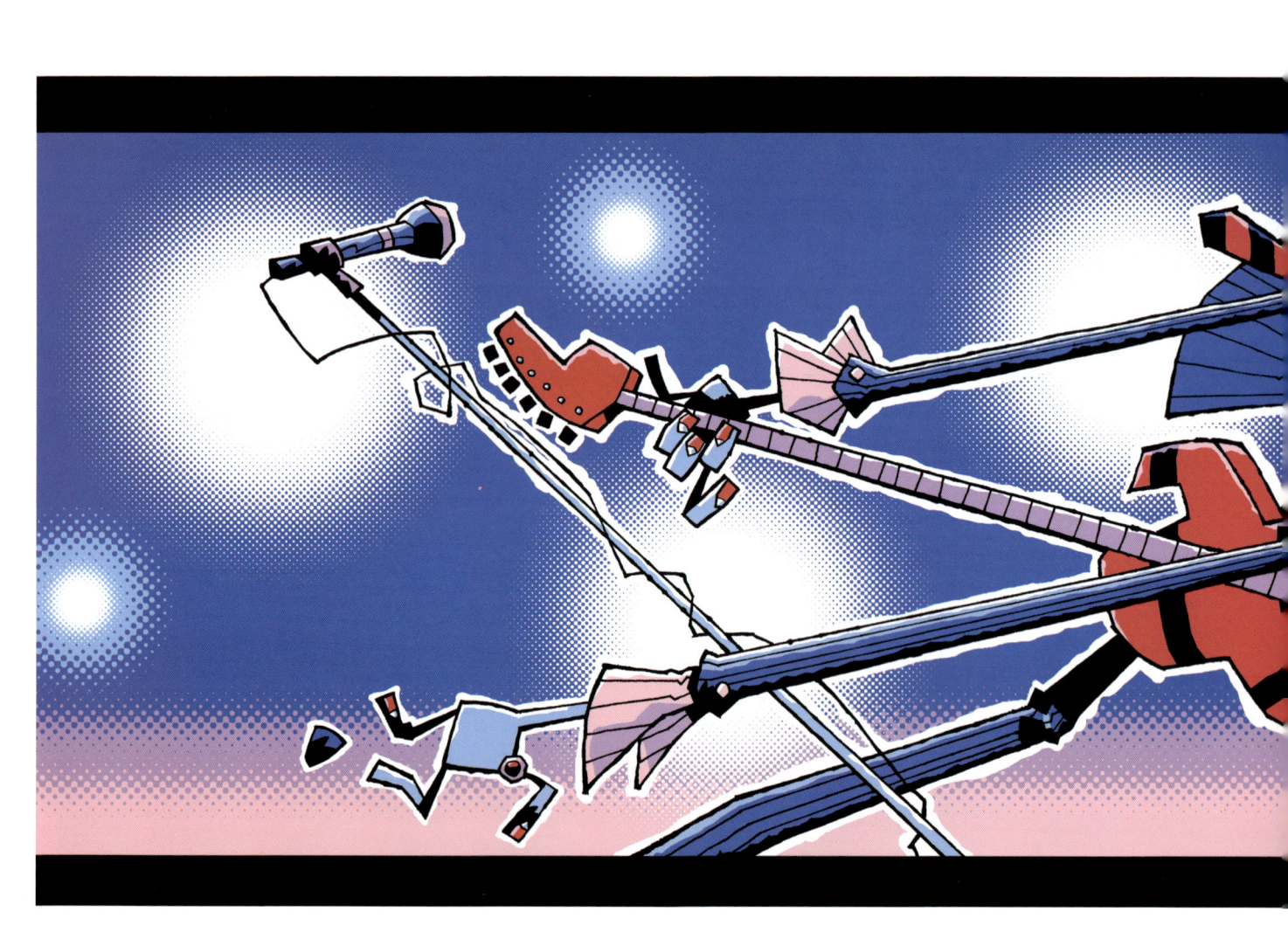

Rock´n´Roll

Paulo Leonardo | http://paulorocker.deviantart.com | Brazil

Luciano Crispiniano | luciano.crisp@gmail.com | **Brazil**

Rock´n´Roll

Lena Vazhenina | www.sexfemale.cc | **Russia**

Rock´n´Roll

Pedro Ivo Verçosa | www.isquaronai.com | Brazil

Rock ´n´Roll

Will Murai | www.willmurai.com | Brazil

Metropolis

Glauber Shimabukuro | glauber.shimabukuro@gmail.com | Brazil

Metropolis

Jason Levesque | www.stuntkid.com | USA

Sex | Sexo | Sexo

Rafael Nobre | arazul.verandi.org | Brazil

Liber Paz | liberland.com.br | Brazil

Sex | Sexo | Sexo

(Index)

(Desire #11) (Fear & Loathing #10)

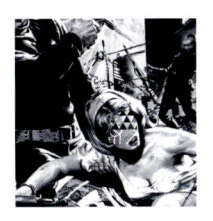

MWM x Spacenuckle
| www.mwmgraphics.com
| www.spaceknuckle.com
| matt@mwmgraphics.com
| spaceknuckle@yahoo.com
| USA
| Mixed media

Fernanda Guedes
| www.fernandaguedes.com.br
| fernandaguedes@terra.com.br
| Brazil
| Digital + pencil

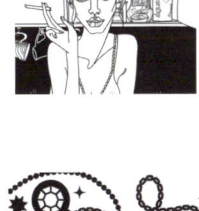

Katie Kirk
| www.katiekirk.net
| katie@katiekirk.net
| USA
| Digital

Alberto Seveso
| www.burdu976.com
| alberto@recycledarea.co.uk
| Italy
| Digital

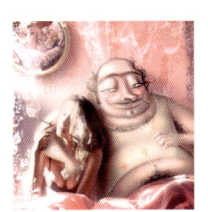

Mário Belém
| www.mariobelem.com
| m@mariobelem.com
| Portugal
| Digital painting

Thais Ueda
| www.hana-bi.net
| thais.hanabi@gmail.com
| Brazil
| Butter paper + dry crayon + pencil

Alejandro Milà
| www.alejandromila.com
| alejandromila@yahoo.es
| Spain
| Black ink + digital color

Kris Kuksi
| www.kuksi.com
| kkuksi@hotmail.com
| USA
| Sculpture

Nelson Balaban x Spacenuckle
| www.xtrabold.net
| www.spaceknuckle.com
| xtra@xtrabold.net
| spaceknuckle@yahoo.com
| Brazil | USA
| Photoshop

James White
| www.signalnoise.com
| white@signalnoise.com
| Canada
| Digital

Rodolphe Simeon
| www.m-peoplephotography.com
| rodolphe.simeon@gmail.com
| France
| Studio photography

Danilo Rodrigues
| www.danilorodrigues.com
| hello@danilorodrigues.com
| Brazil
| Technique mixed

(FeaR & LoathinG #10)

Estúdio Deveras
| www.estudiodeveras.com
| contato@estudiodeveras.com
| Brazil
| Ink + pencil + pastel

Firmorama Studio
| www.firmorama.com
| john_karger@yahoo.com.br
| Brazil
| Photoshop + Illustrator

Daniel Mazer
| www.dlab.com.br
| mazer@dlab.com.br
| Brazil

RWR²
| www.rwr2.com.br
| contact@rwr2.com.br
| Brazil
| Illustration

Rafael Silveira
| www.rafaelsilveira.com
| rafael@rafaelsilveira.com
| Brazil
| Oil on canvas

Jon Beinart
| www.toddlerpedes.com
| contact@beinart.org
| Australia
| Doll sculpture

Matheus Lopes
| www.mathiole.com
| mathiole@gmail.com
| Brazil
| Mixes media

Victor Salciotti
| www.flickr.com/salciotti
| salciotti@yahoo.com.br
| Brazil
| Pencil + Illustrator

André Bargamin
| www.flickr.com/andrebergamin
| andrebergamin@hotmail.com
| Brazil
| Collage

Lese Pierre
| lesepierre.multiply.com
| lesepierre@gmail.com
| Brazil
| Digital

(FooD #9)

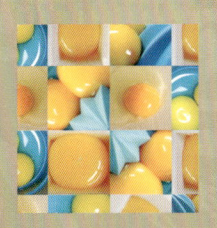

Augusto Carmo
| www.flickr.com/carmolim
| carmolim@gmail.com
| Brazil
| Photography

Cristina Negrău
| npunctc.this.ro
| cristina.negrau@gmail.com
| Romania
| All kind of techniques, most non-digital

Rômolo
| www.romolo.com.br
| romolo@comic.com
| Brazil
| Illustration

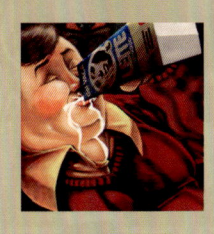

Rogério Puhl
| rogeriopuhl@bol.com.br
| www.puhl.com.br
| Brazil
| Digital painting

Ryan Schude
| www.ryanschude.com
| ryan@ryanschude.com
| USA
| Photography

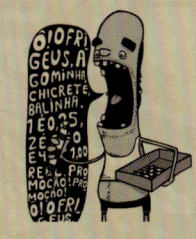

Jovan de Melo
| jovan.nitrocorpz.com
| jovandemelo@gmail.com
| Brazil
| Illustration

Rafael Nascimento
| www.escaphandro.net
| escaphandro@yahoo.com.br
| Brazil
| Scanner + Illustrator

Guy Veloso
| www.fotografiadocumental.com.br
| guyvel@amazon.com.br
| Brazil
| Photography

Siphios
| siphios.blogspot.com
| siphios@gmail.com
| Brazil | USA
| Digital

Renée Corini
| www.flickr.com/renezera
| renezera@gmail.com
| Brazil
| Illustration

Yan Sorgi
| www.sebograficos.com.br
| ysorgi@sebograficos.com.br
| Brazil
| Ink + digital painting

Charles Raufman
| www.toontoonz.com
| info@toontoonz.com
| Germany
| Paint + canvas

(Self-Portrait #8)

João Ruas
| souvlaki.jp-ar.org
| joao@jp-ar.org
| Brazil
| Mixed Media

Tod Kapke
| www. tkopix.com
| tod@tkopix.com
| USA
| Set building + model building + costuming + photography + painting + collage

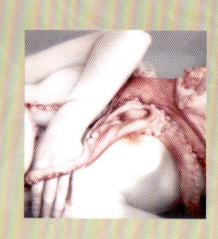

Adhemas Batista
| www.adhemas.com
| abs@adhemas.com
| Brazil
| Vectorial illustration+ Photo montage

Bouger & Regner
| www.cristianebouger.org
| www.underconstruction.bz
| cristianebouger@gmail.com
| Brazil | USA
| Performace + digital photography

Will Murai
| www.willmurai.com
| contact@willmurai.com
| Brazil
| Digital painting

Yaniv Waissa
| www.waissa.com
| yaniv_w@walla.co.il
| Israel
| Photography

J. L. Benício
| www.jlbenicio.com,br
| jlbenicio@terra.com.br
| Brazil
| Gouache

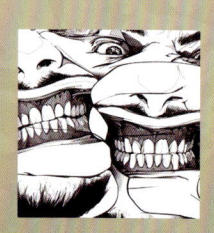

Shingo Shimizu
| www.shingo.ca
| shingo@shingo.ca
| Canada
| Illustrator

Kako
| www.kakofonia.com,br
| kako@kakofonia.com.br
| Brazil
| Vector

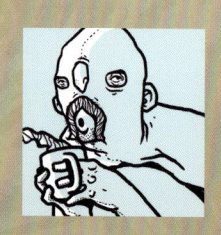

Felipe Sobreiro
| www.sobreiro.com
| sobreiro@gmail.com
| Brazil
| Digital + ink

Gringo
| flickr.com/photos/oigringo/show/
| henriquelima@gmail.com
| Brazil
| Vector

Nazza Stencil
| www.fotolog.com/nazza_stncl
| nazza.stencil@gmail.com
| Argentina
| Stencil

(Colors #7)

Dennison Bertram
| www.dennisonbertram.com
| dennisonb@gmail.com
| Chezc Republic
| Digital photography

Guilherme Marconi
| www.marconi.nu
| hello@marconi.nu
| Brazil
| Vector

Charles Schützler
| charles.tasca@gmail.com
| Brazil
| Illustration

Paulo de Almeida
| www.heads.com.br
| paulo@heads.com.br
| Brazil
| Illustrator + Photoshop

Luke Feldman
| www.skaffs.com
| info@skaffs.com
| Australia
| Illustration

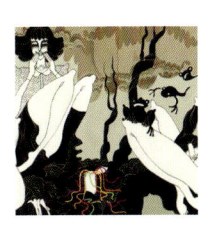

Maarit Kemi
| www.maaritkemi.net
| maarit@maaritkemi.net
| Finland
| Illustration

Mário Júnior
| www.flickr.com/mariogogh
| mario.hachura@gmail.com
| Brazil
| Mixed Media

Tiago Puppi
| www.tiagopuppi.com
| tiago@tiagopuppi.com
| Brazil
| Photography

(Surrealism #6)

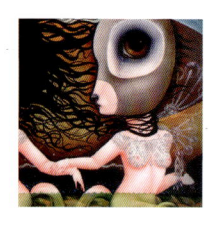

Jennybird Alcantara
| www.jennybirdart.com
| jennybrd@yahoo.com
| USA
| Painting

Marcos Lopez
| www.marcoslopez.com
| estudio@marcoslopez.com
| Argentina
| Photography

Dan Fervin
| www.danfervin.com
| dan@danfervin.com
| Brazil
| Vector + bitmap

Hugo Araújo
| www.atrioilustracoes.com
| hugo@atrioilustracoes.com
| Brazil
| Photoshop + Wacom

Mariana Abasolo
| www.blanktape.com.br
| abasolo.mariana@gmail.com
| Brazil
| Collage

(Woman #5)

Fábio Girardi
| podegirardi.blogspot.com
| fabiogirardi27@hotmail.com
| Brazil
| Digital

Arthur D'Araújo
| www.flickr.com/cancerdeboca
| arthurdaraujo@gmail.com
| Brazil
| Mixed media

João Ruas
| souvlaki.jp-ar.org
| joao@jp-ar.org
| Brazil
| Mixed Media

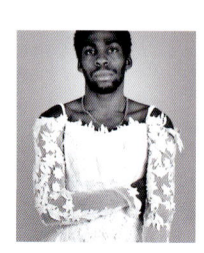

Jorge Bispo
| www.jorgebispo.com
| bispo@jorgebispo.com
| Brazil
| Photography

Kareem Rizk
| www.kareemrizk.com
| info@kareemrizk.com
| Australia
| Collage

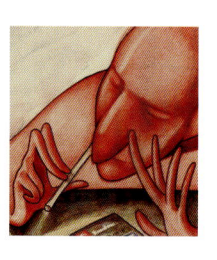

Luciano Tasso
| www.ltasso.com.br
| lucianotasso@ltasso.com.br
| Brazil
| Illustration

(Sci-Fi #4)

Bill Zeman
| www.billzeman.com
| bz@quietsites.com
| USA
| Oil painting on panel

Phil Toledano
| mrtoledano.com
| philtoledano@yahoo.com
| USA
| Photography

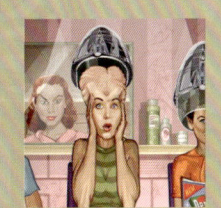

Matthew Laznicka
| www.basement-productions.com
| bment@tds.net
| USA
| Digital

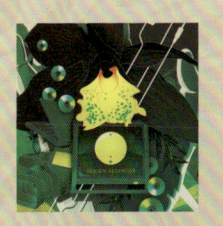

Arnaldo Bastos
| dico27@gmail.com
| Brazil
| Digital

Justin Degarmo
| www.justindegarmo.com
| mail@justindegarmo.com
| USA
| Acrylic on canvas

Cássio Vasconcellos
| www.cassiovasconcellos.com.br
| contato@cassiovasconcellos.com.br
| Brazil
| Mixed media

Guilherme Caldas
| www.candyland.com.br
| contato@candyland.com.br
| Brazil
| Illustration

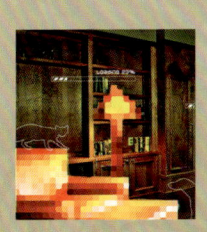

Hellvz
| www.flickr.com/hellvz
| hellvz@gmail.com
| Brazil
| Illushop + Photostrator

(Rock-NRoll #3)

Will Murai
| www.willmurai.com
| contact@willmurai.com
| Brazil
| Digital painting

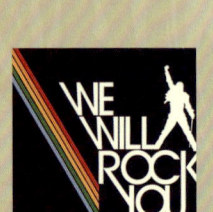

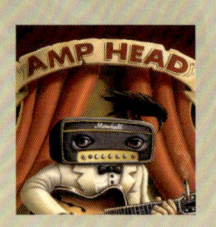

Bob Dob
| www.bobdob.com
| bob@bobdob.com
| USA
| Oil on panel

Pablo Lobo
| www.pablolobo.com
| hello@pablolobo.com
| Brazil
| Freehand + Photoshop

Lucas Leibholz
| www.lucasl.com.br
| lucas@lucasl.com.br
| Brazil
| Ink + Photoshop

Juliano Domingues
| www.julianodomingues.com.br
| falecom@julianodomingues.com.br
| Brazil
| Pencil + Photoshop + Illustrator

Guy Burwell
| www.guyburwell.com
| guybur@mac.com
| USA
| Illustration

Paulo Leonardo
| paulorocker.deviantart.com
| paulorocker@gmail.com
| Brazil
| Pencil + Ink + Photoshop

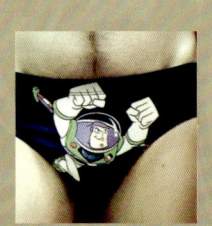

Luciano Crispiniano
| luciano.crisp@gmail.com
| Brazil
| Collage

Lena Vazhenina
| www.sexfemale.cc
| vazhenina@gmail.com
| Russia
| Photography

Pedro Ivo Verçosa
| www.isquaronai.com
| vercosa@gmail.com
| Brazil
| Collage

(Metropolis #2) (Sex #1)

Will Murai
| www.willmurai.com
| contact@willmurai.com
| Brazil
| Digital painting

Glauber Shimabukuro
| glauber.shimabukuro@gmail.com
| Brazil
| Illustration

Jason Levesque
| www.stuntkid.com
| jason@stuntkid.com
| USA
| Illustration

Liber Paz
| www.liberland.com
| liberpaz@gmail.com
| Brazil
| Watercolor

Rafael Nobre
| arazul.verandi.org
| rafaelnobre@hotmail.com
| Brazil
| Mixed media